인仁정庭음吟

인산 김일훈 선생 탄신 100주년 기념총서

김윤숭 시조집

인仁정庭음吟

서시

호랑이 아버지에 강아지 아들이라
핏줄은 하나인데 종류는 왜 다르냐
호랑이 그리려다가 강아지를 닮았네

산은 고요하니 어진 이는 산 좋아하고
아버지는 어진 메 아들은 어진 뜰
핏줄도 같은데다가 어진 호도 같구나

선친은 구세제민 성인으로 추앙되고
불초는 학문 연구 학자로 살아가네
핏줄만 같아서 되랴 어진 덕을 닮으리

> 인산 김일훈 선생 탄신 100주년 기념
> 2009년 11월 1일
> 중악산인 김윤숭 직

김윤숭 시조집 **인정음**

□서시

1부 인산 사랑

인仁 ——— 13
정庭 ——— 15
어짊 ——— 16
상림의 노래 ——— 17
오색약수 ——— 18
인탄 백주년 ——— 19
죽염 ——— 20
어머니 ——— 22
아빠 엄마 ——— 23

2부 남명 사랑

토동 ——— 27
야로 ——— 28
신어산 ——— 29
천주봉 ——— 30
산천재 ——— 31
남명기념관 ——— 32
덕천서원 ——— 33

인정읍   김윤숭 시조집

3부 지리산 함양 사랑

37 ——— 육십령
38 ——— 엄천강
39 ——— 엄천사
40 ——— 오도재
41 ——— 천왕봉
42 ——— 벽소령
43 ——— 거함산
44 ——— 사촌이 땅을 사면 배가 아프다
45 ——— 함양
46 ——— 연리지
47 ——— 지리산문학관

4부 국토 사랑

51 ——— 남북
52 ——— 진주성
53 ——— 이반성면 경남수목원
54 ——— 해금강
55 ——— 해운대
56 ——— 철마
57 ——— 덕구온천
58 ——— 소천

김윤숭 시조집 　　　　　　　　　　　　　　　　　　인정읍

차 례

보은 ——— 59
문의 ——— 60
서산 ——— 61
강경 ——— 62
임자도 ——— 63
대전대에서 귀가하며 ——— 64

5부 산사 사랑

설악산 ——— 67
청량산 ——— 68
내연산 ——— 69
수락산 ——— 70
내장산 ——— 71
석불사 ——— 72
적멸보궁 ——— 73
마애사 일주문 ——— 74
서운암 ——— 75
천성산 내원사 ——— 76

6부 문학 사랑

눈물 ——— 79
공신 ——— 80

인정음 김윤숭 시조집

81 ──── 공명첩
82 ──── 주파수
83 ──── 속성
84 ──── 희망사항
85 ──── 시조와 동궤
86 ──── 시조시인
87 ──── 향수
88 ──── 노산문학관

7부 정신 건강

91 ──── 얼
92 ──── 임
93 ──── 꽃
94 ──── 내일
95 ──── 냇물
96 ──── 다중 폭력
97 ──── 차마고도
98 ──── 운평선
99 ──── 어떻게 볼 것인가
100 ──── 불상
101 ──── 발
102 ──── 허기
103 ──── 영원

김윤숭 시조집 **인정음**
차 례

평등 ——— 104
자연보호 ——— 105
굿 ——— 106
빨래 ——— 107
천벌 ——— 108

8부 나눔 운동

민사고 ——— 111
투사 ——— 112
구호 ——— 113
절 ——— 114
언론 ——— 115
반대 ——— 116
나누기 ——— 118
연합국 자치 소국 ——— 119

▫해설 | 이수화
▫인산&죽염문학상 공모
▫한국고유전통정형시시조국시화운동
▫지리산문학관 개관기념 지리산 유람록 학술대회

1부
인산 사랑

인仁

의술은 인술이라 육선공이 한 말이라
평생을 의학 연구 인술 펴신 아버지
호조차 인산仁山이시니 인의 화신 아니신가

바다와 산이 만나 뜨겁게 몸부림친
왕대와 천일염의 합체가 죽염이라
위암약 개발하신 덕 어진 세계 퍼지네

못난 아들 종종걸음 뜰을 지나 다가가자
아버지 하신 말씀 발걸음 진중해라
선비네 집안 뜨락에 어진 기운 감도네

무릎 꿇고 책상 위에 경전 펼쳐 낭독하니
낭랑한 그 목소리 귓전에 쟁쟁하고
경전을 체득한 마음 어진 삶에 구현되네

연암 아들 사부의 정 과정록에 담겨 있고
인산 아들 사부의 정 인정음에 담겨 있네
인산의 가정 가르침 어진 맘씨 갖는 거라

※육선공陸宣公은 육지陸贄의 시호 별칭이다. 당唐나라 덕종德宗 때

의 정치가이다. 정원貞元 연간에 중서시랑 동평장사中書侍郎 同平章事가 되었다. 후인들이 그의 주의奏議를 모아 『육선공주의』를 편찬하였다. 의내인술醫乃仁術이라고 하여 의술을 인술이라고 최초로 표현하였다.

인산仁山 김일훈金一勳(1909~1992)은 죽염발명가, 한방암의학 창시자로 수많은 난치병자들을 치료하였다. 1986년 『신약』을 저술하였는데 민간요법과 한의학의 고전이 되었다. 신약협회 회장에 추대되었다. 족용중足容重은 구용九容의 하나로 공자가 설한 군자의 바른 태도인데 인산 선생은 건강법으로도 활용하였다.

과정록過庭錄은 조선 후기에 연암燕巖 박지원朴趾源의 둘째아들인 박종채朴宗采가 지은 연암에 관한 기록이다. 과정이란 공자의 아들 공리孔鯉가 정원을 지날 때 공자가 시례를 배우라고 가르친 고사에서 유래한 것으로 부친의 교훈을 가리킨다. 인정仁庭 김윤숭은 인산의 삼남으로 시조집에 『인정음仁庭吟』이 있다.

정庭

그 뜰이 집안에
들어오면 가정이고

그 뜰이 법원에
들어가면 법정이고

그 뜰을
가슴에 들이면
뜰도 어질어 인정이네

어짊

경제도 어지럽고 나라도 어지럽다
어느 누가 세계 경제 어지럽게 어질렀나
언젠가 쾌도난마할 어진 사람 어디 없나

사회도 어질하고 머리도 어질하다
어찌하면 지구촌이 하루아침 어질한가
어련히 원상회복해 어질다고 칭송하리

상림의 노래

신라 천년 문화 정기 사량부에 맺히어
고운 선생 홀로 받아 동국문학 비조 되고
함양땅 천령군태수 백성 위한 정치 펴

신라 문호 유가 신선 손수 심은 상림숲
위천수 홍수 방지 해충류 발생 금지
천년숲 천연기념물 애민정신 길이 펴

신라 왕실 언양군 죽염 발명 인산 선생
해동문향 함양 살며 인술 펼친 의가 신선
사운정 사모의 노래 구세제민 포부 펴

오색약수

찬기운 느끼며 한계령 넘어가
오색약수 오색온천 오색소 보충하네
오색소 몸에 구비하면 원기 충만 건강타네

서울법대 예정이 네 살 적 아장아장
인산 선생 설악 산행 차에 동승 따라갔네
오색소 원리 설하며 오색온천 묵으셨지

인산 선생 삼남 손주 영근이 강보 싸여
셋째며느리 아기 안고 풍경 구경 나가자니
이렇게 이쁜 아기 얼굴 외에 다시 뭐 볼게 있나

차남 정근 민사고 삼일절에 입학식
부부 시간 드라이브 홍천 거쳐 호반도시
동쪽에 오색무지개 오색온천 그립구나

인탄 백주년

선친은 백주년 불초는 만 오십
인류 구할 인산의학 아는 이 드물고
지천명 한방암의학 인산의학 알리리

삼남 자부 최은아 보건학 석사논문
인산 선생 암의약품 난담반 연구해
또다시 한의학으로 인산의학 파고드네

죽염

구전금단 원리대로 아홉 번 반복 굽고
오행합성 원론대로 다섯 재료 동원하네
죽염의 모든 이론은 인산의 저작이라

남해안 왕대나무 서해안 천일염
한반도의 약성분 서해 갯벌 흘러들어
토종의 약기운 합성한 보물이 죽염이라

왕대나무 마디 잘라 천일염 다져 넣네
쇠가마에 채워 넣고 장작불로 태우지
마지막 아홉 번째는 고열로 녹여내지

잇몸 아파 입에 물면 부기도 가라앉고
배 아플 때 먹으면 천하태평 속 편하지
핏속의 불순물 제거 피로 회복 좋다네

인산 선생 어릴 때 죽염제조 발명하여
전국에 다니며 만들어 치료했네
신약책 크게 유행해 보고 배워 만들지

온 천하에 죽염 열풍 너도 나도 만들 때
땡초 하나 슬그머니 승가의 비전 운운
거짓말 문화재 지정 대접받고 잘사네

주머닛돈 훔쳐가면 죄인이라 난리치지
어이타 죽염발명 공명을 훔쳐가도
모두들 무덤덤 여기며 긴가민가하는가

하걸왕과 은주왕은 역사상 최고 폭군
걸주 도와 학살하면 걸주보다 나쁘지
사기극 찬양 고무하며 편드는 것 어떠한가

어머니

어머니는 공허다 어머니는 허무다
본 적도 한번 없고 느낀 적도 한번 없다
그리운 어머니 운운은 메아리 없는 허무

태공은 어머니다 태허는 어머니다
우주가 텅 비었듯 가슴이 텅 비었다
우주와 가슴에 가득한 공허 허무 어머니

아빠 엄마

막내딸이 묻는다 아빠 엄마 어디 있어
내 가슴속에 있다 하니 피식 웃으며 아니란다
엄마는 여기 있네 하며 엄마한테 달려간다

딸아 네 엄마는 너의 곁에 있지만
아빠 엄마는 아빠의 가슴속에 있단다
네 엄마 찾는 소리에 나의 엄마 생각나

2부

남명 사랑

토동

퇴계는 토끼 몰고
토계 이름 바꾸었고

남명은 토끼 잡고
토동으로 존치했네

토끼야
두 명현에게
애증 마음 갖지 마라

야로

야로면에 야로 없다
야로 있나 의심 마라

남명 교화 두루 미쳐
야로 선비 배출됐네

그중의
단연 으뜸은
의병대장 내암이라

신어산

신비한 물고기
신어산에 살고 있네

신비한 사람만이
신어를 볼 수 있네

신어를
말동무 삼아
남명이 살고 있네

천주봉

하늘 기둥 어디 있나 안 보이게 지탱하나
봄이 되면 온 산 가득 분홍치마 펼쳐지네
남명이 경상 감사랑 술자리 편 명승지라

※〈南冥先生集卷之一, 和寄宋相 名贊〉
 泰嶽雲藏天柱峯. 相公來到爲開容. 山翁黍麥醣無類. 對與高明未有窮.
〈선조실록 5권, 4년(1571, 신미) 6월 4일(갑오)〉
 노수신을 호조 판서에, 송찬宋贊을 경상 감사에, 김계金啓를 성절사 서장관聖節使 書狀官에 제수하였다.

산천재

가야산의 정기 받아 지리산에 사노매라
하느님이 계신 나라 찾아나선 발걸음
쇠갖신 열두 번이나 갈아 신고 나섰네

하늘나라 가까운 천왕 아래 터를 잡아
나물 먹고 물 마시며 흰구름 바라보네
하느님 마음 통하여 천지간에 여유롭네

천근만근 큰 종 보게 크게 치면 소리나네
천왕봉과 남명 마음 벼락 쳐도 미동 않네
그 마음 창생을 품어 중량 한량없다네

남명기념관

천왕봉 가까이
환갑에 옮겨와

서방 정토 천왕봉
늘 바라보며 살다

넋조차
천왕봉 아래
동상으로 맺혀 있다

덕천서원

영남 삼현 삼산 서원
지금은 덕천서원

경의당 앉았으니
가을 서리 매섭구나

선생의
중후한 성품
훈풍으로 다가와

※안동의 퇴계 선생 도산서원, 경주의 회재 선생 옥산서원과
 함께 산청의 남명 선생 덕산서원이 삼산서원으로 불리었는
 데 광해군 때 덕천서원으로 사액되었다.

3부
지리산 함양 사랑

육십령

육십 세에 육십령을
오르는 발걸음

고갯길 내려가면
나이 줄면 좋으련만

육십령
다시 오르면
육십 세 더 늘었으면

엄천강

천년 고찰 엄천사 대밭에 묻혀 있고
절터 앞 엄천강은 모르는 듯 흐른다
천 리 길 도도한 물결 지리산을 감싸네

뱀사골 단풍 든 물 굽이굽이 휘돌고
용유담 기기묘묘 온갖 바위 씻어 내려
지리산 성모의 가슴 엄천강을 품었네

엄천사

지리산 감싸 안고 남해 바다 손짓하는
엄천강 굽이굽이 엄천사 회한 서려
수계한 개청대사의 꿈 천년만에 깨어나나

엄천사의 법우화상 성모와 로맨스
여덟 딸 팔도 퍼져 무당 구실 시작되니
무당의 성지 백무동 강 거슬러 순례하네

엄천사 북쪽 동산 신라 시대 차나무
점필재 발견하여 차밭 가꿔 민고 덜어
맑은 강 애민정신 안고 천년만년 흐르네

오도재

고려 고승 고개 넘다
도를 깨쳐 오도재라

마천으로 넘어갔나
휴천으로 넘어왔나

고개는
면의 경계지
도의 경계 아닌데

천왕봉

함양군은 산1번지
산청군은 산208번지

번지수는 두 고을
땅임자는 한국인

하느님
겨레의 표상
하늘 아래 첫 디딤돌

벽소령

함양과 하동은
지리산 너머 옆 동네

천리만리 돌아가는
머나먼 이웃 동네

육십령
터널 길처럼
터널 뚫고 오가세

거함산

거창에는 동계 정온
함양에는 일두 선생

산청에는 남명 조식
큰 인물 세 고을

지도에
실리지 않은
거대한 산 거함산

사촌이 땅을 사면 배가 아프다

나라에서 좋은 것
도 단위 다투고

도에서 좋은 것
군 단위 다투네

다 함께
패자 됨보다
승자 독식 편드세

함양

함양이 어디인지 모르는 사람 많네
지리산 북쪽과 덕유산 남쪽이라
덕성을 함양하면서 함양에서 산다네

대전 통영 고속도와 팔팔고속 십자 고을
양기가 충만한 고장이 함양이라
정서를 함양하면서 함양에서 산다네

연리지

상림을 걸으면서 연리지 바라보네
다른 나무 우연히 같은 방향 벋어가다
꽝하고 부딪히면서 한 몸뚱이 되었네

남이야 무슨 곡절 아랑곳하지 않고
사람들 제멋대로 이야기 지어내어
연리지 사랑의 표상 운운하며 부럽다네

한 치의 양보 없는 치열한 영역 다툼
한데 엉겨 자라다가 연리지라 불린다네
그 무슨 연정의 화신 승부욕의 흔적이랴

같은 자리 서로 차지 적대세력 힘겨루기
회피 못한 한판 승부 무승부로 산다네
현실을 직시하자면 생존경쟁 바코드라

※2009년 5월 17일 대전대학교 한의학과 조종관, 유화승 교수와 대학원생 일행에게 함양 상림을 안내하다가 연리지에 대한 진리를 깨닫다.

지리산문학관

지리산을 둘러싼 11개 시군 문학 자료
폐교를 단장해 연 문학관에 수집 전시
오도재 아래 여기가 유두류록 시점이라

지리산에 은거한 인산 정신 받들어
지역문학 상 만들어 시인에게 시상하고
문학관 한시로 읊어 개관을 기념했네

4부
국토 사랑

남북

함경남도 북청군
전라북도 남원군

남북이 같이 있어
방위 개념 헷갈리네

남북을
가르지 마라
헷갈릴 일 아예 없다

진주성

진주성에 간다네
진주 캐러 간다네

순국선열 방울방울
눈물 맺힌 진주라

호국얼
찬란한 진주
서 말 꿰어 온다네

이반성면 경남수목원

반성면에 왜 가노
반성하러 간다네

반성면의 수목원
나무 보고 반성하네

숨주고
몸조차 내주는
100% 대자대비

해금강

어제도 들락날락
오늘도 들락날락

유람선 들락날락
이 배 저 배 들락날락

동굴은
의연하건만
들락날락 무수해

해운대

하얀 파도 철썩철썩
밀려오고 밀려가고

오남매는 백사장서
파도와 나 잡아 봐라

설 연휴
시작하는 날
파란 하늘 바다다

철마

철마의 한우는
맛있기로 유명하네

품질 좋고 믿음 있어
미식가 북적대네

철마는
쇠말이란 뜻
쇠고기와 말 같네

덕구온천

가멸면 안 어질고
어질면 안 가멸고

가멸고도 어질구나
울진군에 있구나

부구와
덕구온천에서
복덕을 누리시라

소천

봉화군 소천면에
교인들 모여 살아

소천을 기다리며
소박히 사는구나

소망과
사랑 믿음은
소천의 축복이라

보은

안갚음 까마귀도
어미 은혜 갚나니

검은 머리 인간으로
짐승만도 못하랴

은혜를
갚을 줄 아는
사람들이 사는 고을

문의

고속도로 달리다
문의 보고 내렸더니

문의처 하나 없어
문의에서 헤매었네

문의할
할 말을 잃어
대청호수 푸르구나

서산

서산에 노을 지니
서산 풍경 신비롭다

서산에 달빛 교교
마애삼존 미소 짓네

높다란
해미읍성 길
파란 가슴 걸어가네

강경

강경파는 강경에
모두 모여 강경하니

온건파는 오지 말고
되도록 되돌아가소

고래쌈
새우등 터져
강경젓갈 되는구나

임자도

임자 도민 늘 쓰는
정겨운 우리말

임자도 드시게
임자도 쉬시게

상대를
배려해 주는
아름다운 우리 정

대전대에서 귀가하며

고속도로는 다니던 길로만 다님이라
일부러 길을 틀어 낯선 국도 달린다
보이는 산천초목이 하나같이 보배롭다

흙을 밟는 촉감은 못 느낀들 무슨 상관
쌩쌩 바람 가르는 쾌감은 훨씬 낫네
어떠랴 주마간산인들 보는 족족 흐뭇하다

판암 IC 살짝 비껴 옥천읍내 방향 전환
금산 삼밭 지나치니 용담호수 바라뵈네
표지판 경계 가르나 바람에는 경계 없다

장수 장계 올라가 육십령 함양이라
안의에서 육십 리 육십 고개 바라보네
집에서 가까운 지역 빠진 기운 새로 난다

빼앗긴 들이 아닌 우리나라 땅이라
어디든 자유로이 달리는 이 기쁨
늘어난 시간만큼이나 늘어난 국토 사랑

5부
산사 사랑

설악산

설악산이 있는 고을
양양군은 의기양양

금강산이 열려도
천하 설경 짝이 없네

양양한
동해바다와
청군 백군 겨루네

청량산

청량산을 에돌며
청량한 바람 쐬네

명현의 유풍은
바람 없이 청량하다

청량한
마음 가지고
성지순례 오르네

내연산

내연산에 가면은
호텔이 있다네

짝짝의 남녀들
얼렁뚱땅 들어가네

아무렴
내연의 관계
공고히 하러 가지

수락산

수락산에 갈거나
수락하러 갈거나

세계 평화 인류 행복
이룩하는 대통령

되는 날
수락 연설하러
수락산에 갈거나

내장산

단풍이 곱기로
천하제일 내장산

내장까지 단풍 든
울긋불긋 색동 절

단풍철
인산인해라
저 멀리 백양 한 마리

석불사

김대성이 세운 절은
불국사와 석불사

석굴암 개칭하니
석굴 암자 뜻 뭐 좋노

장엄한
석불 부처님
석불사로 환원하소

적멸보궁

부처님의 그림자 불영사에 비치네
그림자는 있는데 부처님은 어디 있나
부처님 그림자조차 형상으로 구함이라

음성과 형상으로 나를 찾지 말거라
부처님의 가르침 경전에 생생하다
다섯 절 적멸보궁은 부처님의 마음이라

※한국의 오대 적멸보궁은 ①경상남도 양산 통도사通度寺의 적멸보궁, ②강원도 평창의 오대산 중대中臺 상원사上院寺의 적멸보궁, ③강원도 인제의 설악산 봉정암鳳頂庵의 적멸보궁, ④강원도 영월 사자산 법흥사法興寺의 적멸보궁, ⑤강원도 정선의 태백산 정암사淨巖寺의 적멸보궁을 말한다.

마애사 일주문

어릴 때 절에 가서 일주문 지나가며
한 개의 기둥이지 두 개는 잘못이라
큰 다음 생각해 보니 한일자 모양이라

옳다 하는 생각도 꼭 옳은 것 아니고
잘못이다 외침도 틀릴 수도 있나니
문자에 집착 말라고 일자 화두 던져줘

※2009년 1월 17일 함안예술문화회관에서 개최된 경남시인협회(회장 강희근) 창립식을 마치고 방어산 마애사(주지 무진)에서 열린 축하연에 참석하고 오고 가며 일주문을 통과하다.

서운암

서운함을 달래려고
서운암에 갔더니

서운함을 어쩔거나
서운암은 말이 없네

말없이
중생의 서운함
알아주는 서운암

천성산 내원사

원효 성사 판자 던져
천명 승려 구명하고

귀화하자 교화하여
천명 성자 만들었네

지금은
비구니 사찰
동국제일 선원이라

6부
문학 사랑

눈물

기뻐도 흐르고
슬퍼도 흐른다

슬퍼도 쓰여지고
기뻐도 쓰여진다

눈물과
시는 닮았다
형제인 양 그렇다

공신

저자에서 전 벌여
어물 팔고 지물 팔고

문예지 겸 출판사
잡지 팔고 작품집 팔고

작가는
독자를 겸하니
문예지의 공신이라

공명첩

곡식 내면 공명첩에
이름 적어 내어줘

녹봉 받는 벼슬자리
헛벼슬과 다르지

문학상
상금 받으면
공명첩이 아니지

주파수

AM과 FM이 주파수 다르듯
운동권과 비운동권 주파수 다르네
시인도 주파수 다른 AM, FM 있다네

AM 시는 읽기 쉬워 독자에게 감동 주고
FM 시는 난해하여 사색의 힘 키워 주고
한쪽은 수준 높다고 자만함도 있다네

AM과 FM을 취향대로 골라 듣듯
두 권역의 시인들 각자 도생 하면 되지
어느 쪽 더 잘났다고 우열 가름 부질없네

문예지도 AM과 FM이 있다네
AM은 일반 독자 FM은 전문 독자
각각의 의의 있나니 자기 세계 어디인가

속성

그대가 그 세계에 속하고 싶다면
그 세계의 속성을 따라야 하리라
그 속성 무시하거나 거부하려 하다니

그 세계에 속하는 시인 되고 싶다면
그 시세계 속성 따라 시짓기 해야 하리
그 속성 충실히 따를 때 그 세계에 속하리

선두 그룹 문예지나 신춘문예 당선자는
그 세계의 속성을 충실히 따른 거라
선민만 그 세계 일원으로 속하여 어울려

그 속성 맘에 안 드나 그 세계 속하려네
현실과 심정 사이 이 갈등 어찌하나
해봐야 개밥도토리 서자 취급 못 면해

권위를 타파함이 진보층의 목표라
그 세계 문단 권위 갈수록 공고해져
벗님네 끼리끼리 권위 타파할 생각 없나

희망사항

우리시 겨레시 좋은 이름 다 가져도
온 나라 시조 짓기 새 발의 피라네
집집이 시조시인 배출 실제 상황 언제 오나

음악과 국악 교육 비중 갖고 말이 많듯
현대시와 현대시조 교과서 차이 많네
시조를 국시로 지정 국정과제 언제 되나

※ 言稱民族詠/ 實待自由詩/ 家戶吟時調/ 國風國策施
―시조 〈희망사항〉 김윤숭 한시 역

시조와 동궤

의사는 한의사도 의사냐 무시하고
음악은 국악도 음악이냐 외면하네
철학은 동양철학도 철학이냐 조소하네

굴러 온 돌 박힌 돌을 뺀다는 속담처럼
이 땅에 이어져 온 우리 것을 멸시하네
스스로 한국인도 인간이냐 자멸함과 다름없네

시조시인

한시 짓는 작가들이
중국 고대 시인이고

시조 읊는 작가들이
조선 시대 시인이라

지금은
시인 밖의 시인으로
그냥 시인은
아니라

향수

고향이 있기에 향수가 있음이라
향수가 있기에 지용이 있음이라
지용이 옥천생 아니면 향수도 없을지라

고향에 살기에 향수가 없음이라
향수가 없기에 향수 시 없음이라
향토에 명시인 있다면 향토 시 있을지라

향수를 읊으면 아련히 뭔가 그립고
향수 노래 들으매 가슴이 뭉클하네
향수는 이제 한국인 마음의 고향이라

노산문학관

시인이 놀던 동산 노비산 기슭에
문학관 날아갈듯 해오라기 날아가고
말 바꿔 마산문학관 바른 이름 어디 갔나

인격을 모독하고 문학을 유린하고
고향에서 푸대접 이름마저 앗아 갔네
백로는 고고히 나는데 까마귀 떼 까악대네

내 고향 남쪽 바다 국민의 고향 바다
성불사의 풍경 소리 남북한에 울려 퍼져
노산의 시 힘은 크다 강아지만 모른다

7부
정신 건강

얼

신라 고려 불타신앙
조선 시대 주자학

현대는 기독신앙
시대 따라 정신 달라

앞으로
더 큰 뭐 오면
우르르 몰려가리

임

통일을 이루고
강한 나라 만들어

허구한 날 침략당해
죄없이 어육 되는

역사가
되풀이되지
않게 하실 우리 임

꽃

눈꽃도 웃음꽃도 본디 꽃이 아니다
조화도 해어화도 역시 꽃이 아니다
마음이 통하는 세상 서로 필이 꽂히다

개나리 솜다리, 진달래가 참꽃이다
채송화 봉선화, 척촉화가 개꽃이다
음악이 통하는 세상 경남 필이 꽂히다

내일

까까머리 까만 교복 영락중학 조회 시간
일본인 선교사 연단 올라 하는 말
한국에 내일은 없다 예수 믿어 내일 열자

한국말에 내일 없다 어린 가슴 답답했네
일석이 편찬한 포켓용 국어사전
날마다 뒤적거리며 내일 찾아 삼만리

스무 살에 찾아냈네 계림유사 나오네
하재가 그 말이니 후제로 변용되네
한국에 내일은 있다 어제 오늘 하재라

냇물

흐르는 맑은 냇물
얼굴을 씻으니

냇물과 눈이 맞아
그 냇물 보고 싶다

물 따라
가람과 바다
쫓아가도 못 만나

다중 폭력

다 중은 안될 말
폭력은 더욱 안 돼

다 중이 된다면
다양성은 어찌 되나

다 중인
조직폭력배
거북등의 털이지

차마고도

차와 말을 무역하며 피와 땀이 깔린 길
걸음걸음 생계 위해 목숨마디 다진 길
뼈마디 으스러져도 차마 차마 오간 길

쌀과 소금 교역하며 생사기로 밟는 길
추더위에 거친 바람 눈얼음에 절벽 천길
천만년 땅을 지키며 차마 차마 오간 길

운평선

망망한 대양에 수평선이 뻗치고
광활한 대지에 지평선이 펼쳐져
하늘 위 두터운 구름가 운평선이 아득타

※2009년 11월 9일 북경에서 영하회족자치구 수도 은천 가는
 비행기에서 내다보이는 구름 풍경.

어떻게 볼 것인가

비꼬지 말거라 비아냥대지 말거라
누군들 비꼬거나 비아냥댈 줄 모르랴
비꼬인 마음씨부터 바로 펴고 보거라

비웃지 말거라 지 잘난 척 말거라
어느 뉘 못났으랴 아니 잘난 사람 없다
비웃는 너 자신부터 비웃음 사나 보거라

불상

법당에 모셔진 불상은 불쌍하다
마음은 만리 밖 꿰뚫는지 모르나
몸뚱인 법당에 갇혀 한발짝도 못 움직여

불상을 못 움직인다 불쌍히 여기지 마라
불상은 등신이고 법신은 따로 있다
화신과 응신도 있어 우주 세계 자유롭다

우주 삼라 자재한 불신 깃든 불상 보고
못 움직인다 불쌍히 여긴 불쌍한 속안일세
천안통 천안 나누어 이식수술 해주오

발

갑자기 젊은이가 백발이 되었네
눈발의 발자국 신묘하기 그지없네
사람들 다 밟아치운 눈발이 하얗네

하얀 눈도 발이 있고 빨간 피도 발이 있고
눈발은 날리고 핏발은 서는구나
두 발로 날아다니면 핏발 설 일 없으리

세세하게 보는 것 경계하는 면류관 발
구슬 발을 드리우고 아련히 밖을 보네
물의 발 수렴은 폭포니 폭포 발 친 용왕님

허기

비몽사몽 눈앞에
진수성찬 차린 상

허겁지겁 이것저것
맛나게 먹어도

뱃속은
꼬르륵 쓰리고
여전히 배고프네

영원

영원한 것은 없다고
영원히 주장하네

영원한 것은 없다
그 사실은 영원하다

결론은
영원한 것은
있다는 사실이네

평등

하루살이 하루를
살아도 삶이고

천년학 천년을
살아도 죽음이다

순간은
삼라만상을
평등하게 하는 신

자연보호

신문지상 방방 뜬다 전자매체 방방 뜬다
한 배 타고 방방 뜬다 한 우물에 방방 뜬다
온 나라 발칵 뒤집어 놓은 자연파괴 방방 뜬다

구름 위서 방방 뜬다 바다 밑서 방방 뜬다
사촌형제 동서 되어 뱃놀이에 방방 뜬다
초호화 유람선 전복될라 자연풍파 방방 뜬다

굿

몸을 꽁꽁 묶으면 아프니 풀어야지
묶은 것 속박에서 풀림이 해방이라
굿이란 마음 속박 풀어 심리 해방 긴하다

한마디 말로도 십년 체증 내려간다
한마디로 먹혀든다 회유나 공갈이
굿해라 사기 치는 경우 비일비재 문제다

빨래

옛날에는 아낙네들 손수 빨았지
지금은 세탁기가 온전히 대신하네
빨래는 그리울 것이다 부드러운 손길이

옛날에는 아낙네들 빨고 짜고 널었지
지금은 탈수기가 손아귀 대신하네
빨래는 서운할 것이다 널 때만 만남이

천벌

천벌을 받았다 함부로 악담 마소
비참한 죽음이나 불행한 재난이나
흔히들 천벌을 받아 그렇다고 말하지

비참한 죽음을 천벌이라 한다면
살인마의 손아귀에 연쇄 살인 당한 사람
그 무슨 천벌 받을 짓 나쁜 짓을 했더냐

평범하고 무심하게 의심없이 살아간 것
연쇄 살인 당한 사람 피해자가 무슨 죄인
기어이 천벌 받은 원인 캐내려고 하지 마소

살인마는 인권 위해 사형 폐지 주장 속에
감옥에서 종신토록 국비로 콩밥 먹어
천벌을 받을 존재가 천벌을 받았더냐

착한 사람 비참하고 악한 사람 비참하고
우연에 우연이니 천벌이란 소리 마소
한국어 천벌 단어를 삭제하고 쓰지 마소

8부
나눔 운동

민사고

민주니 민족이니
전매특허 사용하다

사정이 달라졌나
헌신짝 버리었네

고매한
민족정신이야
시대 따라 변할쏜가

※ 2009년 2월 1일 민사고 개학 전날 귀교일 차남 실어 주고 귀
 가하며.

투사

말로는 다 함께
행동은 끼리끼리

남들은 모순 느껴
본인들은 못 느껴

자기들
주장만 옳고
남들 주장 무시해

구호

반대만 하면서
찬반 토론 하자 하고

합의는 안해 주며
필요성만 역설하고

절차를
강조하면서
따르려면 방해해

절

절 싫으면 스님 가소 절 뺏아 차지 마소
못 뺏으면 분이 나서 불질러 오유 마소
조용히 지 혼자 가면 누이 좋고 매부 좋고

이 절 뺏지 못하면은 저 절 가서 행패 부려
이 절에서 난리 치고 저 절 가서 난리 돕고
생난리 나면 신났구나 그 낙으로 산다네

언론

정부 정책 나오면 무조건 힐난하기
빈부 격차 남북 긴장 한쪽 편만 들어주기
한겨레 오마이뉴스 프레시안 경향이라

뉴스를 듣고 보면 어느 매체 금방 알지
비꼬기 주특기요 적의에 찬 말말이라
노컷에 미디어오늘 와이티엔 문화라

불의에 저항하고 정의를 수호함이
언론의 사명임을 어느 누가 모르랴
불의와 정의의 입장 운양지차 다르네

건전한 비판 없이 무조건 맹종하면
누구든 자만심에 천방지축 탈이 나지
일정한 비판과 견제는 균형 잡는 장치라

자기 편이 아니면 비판부터 하는 언론
건전한 비판정신 균형 잡힌 시각 없네
나라를 어지럽히는 얼많큼의 흉기라

반대

좁은 나라 별일 없어 일 하나 벌이려면
허구한 날 찬성 반대 극한 투쟁 결사 반대
하는 일 대체 뭣인가 반대하다 머리 희다

반대함이 직업이요 반대 총장 직함이라
연대 고대 알겠다만 반대는 대체 뭔 대학
듣보도 못한 대학이 유명한 반대라네

반대 캠퍼스 몇몇 얼굴 동서 번쩍 같은 얼굴
머리에는 붉은 띠 주먹은 불끈 쥐고
제 버릇 개 못 준다고 세 살 버릇 여든까지

반대파의 반대대로 뭐든지 하지 말면
승마도 동물 학대 원시 시대 돌아가
말조차 타지 못하고 서울 부산 걸어 다녀

생각이 다른 사람 편 갈라 찬성 반대
집단으로 실력 행사 평행선을 달리네
투쟁의 시간 낭비 속 경쟁력은 무너져

세계인이 참여하는 마라톤 비유하면
한국인 편이 갈려 지들끼리 진로 방해
우리만 뒤로 처지고 다른 나라 멀리 가네

패망한 일본이나 남북한 다 가난할 때
북한이 남침하여 남북 모두 폐허되고
일본은 전쟁 특수로 경제 부흥 이루었네

북한은 남침하여 일본 부흥 도와주니
친일파 숙청했다 헛소리 자랑 마라
친일의 최고 공신은 김일성 아니더냐

남북이 쪼개져 민족 부흥 물 건너가
남한만의 경제 부흥 천신만고 이루니
좌우로 또 갈라져서 갈 길 먼데 다투네

5년제 단임 정부 5년 후 표로 심판
민심은 위대하다 영구 독재 어불성설
취임 후 4년 동인은 국법으로 반대 금지

나누기

찬성과 반대에 타협이 종합이라
정반합의 변증법적 발전이 희망이라
영원한 평행선 종합적 발전이 전무하네

의견이 다른 사람 합치되기 요원하네
건수만 있으면 비방하기 정신없네
왜 서로 에너지 낭비 나눠 살면 간단한 걸

서로들 비꼬고 서로들 탓하고
평행선은 영구불변 찬반이 판이하네
딱 갈라 동조자끼리 나눈 나라 살자꾸나

연합국 자치 소국

정책 이념 펼치려면 찬성 반대 극렬하네
반대대로 하는 것은 아무것도 안 함이고
반대파의 논리를 보면 지들만이 우수하네

지 주장이 최고라고 남에게 강요 마라
열병 같은 이념 의식 세월 가면 허무하네
영원한 이념은 없다 인간만이 존재한다

이념이 다른 사람 같이 살 필요 있나
각자의 이념 나라 각자 선택 살자꾸나
싫은 채 모여 살면은 찬성 반대 허송세월

정당 정치 철폐하고 소국 정치 실현하자
정당 따라 찬반 말고 갈 길 가고 보지 말자
부부도 이혼하듯이 찬반 따라 갈라서자

반대하면 반대파끼리 작은 나라 이뤄 살고
찬성하면 찬성파끼리 작은 나라 이뤄 살고
큰 나라 속 작은 나라 여럿 갈라 살자꾸나

작은 나라 이뤄 살면 남의 나라 시비 마라
이념 맞는 끼리끼리 반대 없이 살아보자
한 나라 외교 국방만 연합국이 가짐이라

연합국 내 작은 나라 이름도 다양하네
한글나라 영어천국 전교조국 스승나라
선택한 자기 나라 밖 내정간섭 금지라

연합국은 통일하고 자치 소국 분리하자
다수 채택 정책 시행 싫으면 떠나가고
찬반을 선택한 대로 살 권리 보장하자

지방 단위 도 단위 시군 단위 읍면 단위
그도 저도 안되면 마을 단위 주택 단위
다수결 나라 결정해 나라 정책 따라 살자

거주 자유 보장하나 동행 권리 더 보장해
정책 반대 출국 권유 거부하면 강제 추방
동행길 아닌 사람은 같은 나라 살지 마소

납세자 존중하여 원치 않는 낭비 안해
세금 내면 어디 얼마 쓰였는지 기록하고
피 같은 세금 추적제 사용 결과 알려줘

선량한 시민 보호 불량한 시민 격리
전과사범 무기징역 가석방 절대 없어
형사범 삼진아웃제 강력범은 사형이라

선거권과 피선거권 자격을 박탈하듯
극악하면 판결 통해 인권도 박탈이라
인권을 박탈한 뒤엔 동물 보호 차원이네

흉악범도 인권 보호, 일반인만 인권 보호
이코저코 가타부타 시비할 필요없이
딱 길라 각자 선택한 나라에서 하면 되지

> 해설

인정시조시仁庭時調詩의 충담미沖淡美
—김윤숭 제1시조집 『인정음仁庭吟』

이수화 | 한국문협, 국제PEN클럽 명예부이사장 |

1

김윤숭 시(김윤숭 시인의 시조시時調詩)는 우리 한국인의 오랜 정혼精魂이 깃든 전통시인 시조時調(정형시定型詩)이다. 3장章 6구句 12절節 형식에 인간 정혼精魂의 핵심核心과 정곡正鵠을 형상화한 시를 말한다. 인사人事를 노래하면 풍골風骨을 이룬 것이고, 자연自然을 노래하면 무위無爲(인위적으로 조작하지 않음)와 염담恬淡(이익을 탐하지 않음)에 이른다. 김윤숭 시가 그렇다는 바는,

호랑이 아버지에 강아지 아들이라
핏줄은 하나인데 종류는 왜 다르나

호랑이 그리려다가 강아지를 닮았네

　　산은 고요하니 어진 이는 산 좋아하고
　　아버지는 어진 메 아들은 어진 뜰
　　핏줄도 같은데다가 어진 호도 같구나

　　선친은 구세제민 성인으로 추앙되고
　　불초는 학문 연구 학자로 살아가네
　　핏줄만 같아서 되랴 어진 덕을 닮으리
　　　　　　　　　　　　　　—〈서시〉 전문

에서와 같이 시적 주체는 아들이고, 그 시적 대상은 아버지인데 이 주체와 대상이 지닌 아호雅號의 깊은 뜻을 마음속에 아로새겨 사는 시인의 앙부숭덕송仰父崇德頌이다. 첫째 수首에 반어법으로 아버지에 대한 자식의 무위기운無爲氣運(부자유친父子有親의 아름다운 순종 의식)을 노래하고, 둘째 수에는 아버지 아호 인산仁山과 시인의 아호 인정仁庭을 대비해 혈연의 따뜻함을 노래하고 있다. 그리고 결수結首에서 결국은 인산仁山(아버지)의 인정仁庭(아들)으로 스며든 인격의 닮음l感化l은 덕성德性임을 강조해 노래하였다. 첫 수의 풍골風骨은 김윤숭 시의 호방함을 드러내 감동적이며 차수次首의 자연 경물의 경사景似 또한 아름다운 심상心象의 아름다운 관념화觀念化 성취이다.

이와 같은 김윤숭 시의 정형틀에 얽매이지 않는 활달 무비한 시조의 현대화 작업은 이미지의 조소성彫塑性이나, 엘리엇의 사상思想과 감정이 융합된 감수성의 미학 창출이 전혀 불가능한 인륜人倫 사실(fact)을 간절한 하나의 사장詞章, 또는 심상心象 대신 아포리즘으로 관념화할 때 유효한 메소드일 터이다.

그런가 하면 가령,

> 막내딸이 묻는다 아빠 엄마 어디 있어
> 내 가슴속에 있다 하니 피식 웃으며 아니란다
> 엄마는 여기 있네 하며 엄마한테 달려간다
>
> 딸아 네 엄마는 너의 곁에 있지만
> 아빠 엄마는 아빠의 가슴속에 있단다
> 네 엄마 찾는 소리에 나의 엄마 생각나
>
> ―〈아빠 엄마〉 전문

은 김윤숭 시조시時調詩가 저 앞에 〈서시〉와 같은 인륜人倫을 노래하더라도 현대시와 같은 리리시즘의 애이불상哀而不傷(슬퍼하되 절망치 않음)을 밝게 노래할 수 있음을 보여 준다. 김윤숭 시조 미학의 독창적 경계인 것이다. 이와 같은 그의 풍골風骨(시조시의 형식과 미학)은 우리의 전통시가 지닌 정형성의 한계와 거기에 따른 사상과 정서의 편협성을 타개하는 시조 현대화의 밝은

길이 아닌가 한다. 이제 장章을 달리해 김윤숭 시의 저러한 염담恬淡 무욕無欲의 시정신이 수놓인 작품 세계를 좀 더 세세히 탐색해 봄으로써 척박하게나마 평설 글의 소임을 다하고자 한다.

2

본서本書는 인정仁庭 김윤숭 시인의 첫 시조집이다. 그래서 시집 메타 텍스트도 『인정음仁庭吟』(2010, 한강출판사 간행)으로 '어진 뜰에 읊다' 일 터이다.

총8부 87편을 수록한 본서는 1부 '인산 사랑'에 9편, 2부 '남명 사랑'에 7편, 3부 '지리산 함양 사랑'에 11편, 4부 '국토 사랑'에 14편, 5부 '산사 사랑'에 10편, 6부 '문학 사랑'에 10편, 7부 '정신 건강'에 18편, 8부 '나눔 운동'에 8편이 편성된다. 매우 호한浩澣한 시작詩作 역량을 암시하는 텍스트군群이 아닐 수 없다. 그런데 우리의 전통 시조시인 인정仁庭 김윤숭 시에서 특히 두드러진 독자성부터 거론치 않을 수 없으니 그는 시인이요, 학자임에 금상첨화, 영남 유수의 효자라는 사실(fact)이다. 가령,

선친은 백주년 불초는 만 오십
인류 구할 인산의학 아는 이 드물고
지천명 한방암의학 인산의학 알리리

삼남 자부 최은아 보건학 석사논문
인산 선생 암의약품 난담반 연구해
또다시 한의학으로 인산의학 파고드네

─〈인탄 백주년〉 전문

에 보이듯 옛 말에도 이르거니와 아비의 아들 자랑은 팔불출에 하나라지만 자식의 부모 숭앙은 백세 희망사라 하였다. 김윤숭 시인의 엄친은 앞서도 언급했듯 한국 죽염 발명가인 인산 김일훈 선생이다. 한방암의학의 창시자인 인산에 대하여,

구전금단 원리대로 아홉 번 반복 굽고
오행합성 원론대로 다섯 재료 동원하네
죽염의 모든 이론은 인산의 저작이라

남해안 왕대나무 서해안 천일염
한반도의 약성분 서해 갯벌 흘러들어
토종의 약기운 합성한 보물이 죽염이라

왕대나무 마디 잘라 천일염 다져 넣네
쇠가마에 채워 넣고 장작불로 태우지
마지막 아홉 번째는 고열로 녹여내지

잇몸 아파 입에 물면 부기도 가라앉고

배 아플 때 먹으면 천하태평 속 편하지
핏속의 불순물 제거 피로 회복 좋다네

인산 선생 어릴 때 죽염제조 발명하여
전국에 다니며 만들어 치료했네
신약책 크게 유행해 보고 배워 만들지
―〈죽염〉부분

인정仁庭 김윤숭 시는 엄부의 죽염 창발創發 사실事實을 감동적인 연시조連時調로 노래하고 있다. 특히,

함경남도 북청군
전라북도 남원군

남북이 같이 있어
방위 개념 헷갈리네

남북을
가르지 미라
헷갈릴 일 아예 없다
―〈남북〉전문

은 인정시仁庭詩(김윤숭의 시조시)의 풍골風骨(뛰어난 내용과 미학)이 지극히 은근한 충담미沖淡美(담담하게

가득찬 감정)를 머금고 있다. 우리의 국토 분단에 스며 있는 통분의 감정을 잘 다스려 작품에 은연하게 충일토록 해놓고 있는 시작詩作 솜씨의 숨은 재기才氣 소산일 터이다.

이제 인정시仁庭詩 그 버라이어티에 주목할 대목이다. 행두行頭 넘버(number)는 평설자의 자의적 조처이다.

① 진주성에 간다네
 진주 캐러 간다네

 순국선열 방울방울
 눈물 맺힌 진주라

 호국얼
 찬란한 진주
 서 말 꿰어 온다네

— 〈진주성〉 전문

② 육십 세에 육십령을
 오르는 발걸음

 고갯길 내려가면
 나이 줄면 좋으련만

육십령
　　다시 오르면
　　육십 세 더 늙었으면
　　　　　　　　　　　　　　―〈육십령〉전문

③경제도 어지럽고 나라도 어지럽다
　어느 누가 세계 경제 어지럽게 어질렀나
　언젠가 쾌도난마할 어진 사람 어디 없나

　사회도 어질하고 머리도 어질하다
　어찌하면 지구촌이 하루아침 어질한가
　어련히 원상회복해 어질다고 칭송하리
　　　　　　　　　　　　　　―〈어짊〉전문

　예시例詩 ①, ②, ③을 나란히 병렬해 보임은 세 작품의 특성이 각기 달라서이다. 그 세 변별성을 살핌으로써 인정시仁庭詩의 다양성에 상도해 본다.
　먼저 ①은 3장 단수 3연에다 진주성의 역사성과 호국 의지를 담은 매우 아름다운 충담시沖淡詩이다. 3장 6구 12절이라는 한국 전통 정형시에 '진주'라는 역사적인 기표記表(시니피앙)의 기의성記意性(시니피에)을 아름다운 비장미로 은유한 솜씨는 탁월성의 그것일 터이다. 초장의 진주성과 진주가 현대 영시英詩의 펀(pun: 동음이어同音異語의 내포된 함의에 이르기 작법) 기법을 성

취하고 있는 바가 그것이다. 그 '진주'가 순국선열 방울 방울 맺힌, 서 말이나 되는 찬란한 호국얼이라니 얼마나 아름다운 충절忠節의 미학이며 이미지의 조소성彫塑性 미학일 터인가. 이 시는 가곡이나 시창으로 작곡되어 널리 불리워져야 할 충담미학冲淡美學의 절창이 아닌가 한다.

①의 이와 같은 언어와 이미지의 자연스러운 위일융합 솜씨는 인정仁庭 김윤숭의 객관적 상관물(엘리엇의 모더니즘시 기법)에 대한 깊은 이해를 말해 준다. 진주성의 역사성(호국얼의 상징)을 말함에 있어 광물학적 가치가 높은 '진주'를 객관적客觀的 상관물相關物로 차용한 방법론이 그것이다. 이런 점의 예시 ①이 이 시조집 『인정음仁庭吟』의 대표적 텍스트성이라면 ②는 이른바 기행시紀行詩의 절창이다. 육십세에 육십령을 오른다는 경험적 발상은 이 시의 경사성景似性을 밝혀 주는 이미지의 명징력明澄力에 다름 아닌 빛나는 시심의 정곡正鵠이며 선명鮮明한 이미지 주조鑄造의 묘수일 터이다. 동시에 중장 "고갯길 내려가면/ 나이 줄면 좋으련만" 같은 레토릭(수사학修辭學)은 인생의 정한情恨을 다스리기에 얼마나 합당한 철학적 시운詩韻인가. 그리하여 종장의 위트 넘친 무욕자無欲者의 반어법은 또 얼마나 아름답고 정한情恨 어린 억지스럽잖은 염담恬淡인가. 시조시 풍골미학風骨美學의 전범典範을 인정음仁庭吟에서 보는 행운인 것이다. 그리고 ③은 국가 사회와 지구촌을 바라

보는 시인의 연민과 청정한 시각을 형상화한다. 여기서도 언어의 펀(pun) 요소를 활용하면서 엄숙성의 시에 유모아적 아우라(aura)를 풍겨 주고 있는 점이 특징이기도 하다. 그러나 이보다 예시 ③은 인정시仁庭詩에서 텍스트의 사회성 취급이라는 총체적 요소가 지배적인데 3장 쌍수의 형식미가 뛰어난 시가 아닌가 한다. 제재의 팍팍한 아우라에 비교해서 그렇다 하겠다.

이와 같이 인정仁庭 김윤숭 시의 다양한 경험과 시각과 시정의 가열성苛烈性이 빚어낸 이 첫 시조집의 전통적 맥락과 미학의 선명한 형상성은 우리의 심미안을 충족하고도 남음이 있다 하겠다.

이제 척박하게나마 살펴온 인정음仁庭吟의 아름다운 서사敍詞와 진주처럼 영롱무비한 언어의 구슬타래(텍스트)들 중에서 우리 가슴을 치는 사모곡思慕曲 한 편에 집중하면서 평설 글의 피리어드를 놓고자 한다.

    어머니는 공허다 어머니는 허무다
    본 적도 한번 없고 느낀 적도 한번 없다
    그리운 어머니 운운은 메아리 없는 허무

                    —〈어머니〉첫 수

'어머니'라는 존재의 실상을 이처럼 절실절묘하게 묘파한 언지言志는 쉽게 찾아보기 어려울 터이다.

어떤 필설筆舌인지 나의 사유思惟인지는 모르겠으나

'어머니'는 부처[佛] 다음 가는 보살菩薩을 떠올리게 하는 존재다. 색즉시공色卽是空 공즉시색空卽是色, 즉 존재 없음의 존재인 것이다. 그래서 "메아리 없는 허무"라고 인정음仁庭吟은 '어머니'의 더없이 아름답고 끝없이 아름다우며 두루 애틋한 그리움의 존재를 읊고 있으려니 하는 것이다. 인정 김윤숭 시가 그렇다 한들 그 뉘 있어 탓하리오….

> 2009년 동지야冬至夜
> 삼개나루 수당헌樹堂軒에서
> 석란사石蘭史 씀

인산&죽염문학상 공모

취 지   죽염발명가, 한방암의학 창시자 인산 김일훈(1909~1992) 선생 탄신 100주년을 기념하여 사단법인 인산학연구원(www.insan.org)은 지리산문학관(www.jimun.kr)을 부설하고 지리산문학인상과 인산&죽염문학상을 제정한다. 지리산문학인상은 한민족의 모산인 지리산의 문학정기와 인산 선생의 지리산 사랑과 문학정신을 기리어 지리산(영호남) 지역에서 가장 많은 문학 성과를 이룩한 문인을 선정하여 시상한다. 인산&죽염문학상은 인산 선생의 생애나 인술 또는 죽염에 관한 주제나 소재로 지은 시 가운데 문학적 성과가 탁월한 시를 공모하여 시상한다. 수상자 특집과 수상작은 반년간 《지리산문학인》에 수록한다.

부 문   자유시 또는 시조시

내 용   인산 생애나 인술 또는 죽염 이미지나 효능

종 류   대상 1편(상금 3백만 원), 본상 2편(각 2백만 원)

심 사   본심 당선작 3편 선정, 당선 시낭송 현장 청중의 최다 투표로 대상 결정

자 격   한국시인협회, 한국시조시인협회 회원에 한함

마 감   2010년 7월 31일까지

시 상   2010년 9월 4일(토) 오후 7시 함양 상림 인산국제가곡제(인산가곡상) 앞서 인산&죽염문학제를 개최하여 지리산문학인상과 함께 시상

제출처   insansi@hanmail.net 또는 kim@insan.kr

주 최   함양죽염축제위원회(www.hamyang.com)

주 관   지리산문학관 인산문학상 운영위원회

인산仁山 김일훈金一勳(1909~1992) 약전

한의학자. 한방암의학 창시자. 한방암치료제 오핵단, 사리장, 죽염, 유황오리, 옻닭, 난반, 무엿(천식), 호두기름(폐렴) 발명가. 다슬기(간), 홍화씨(뼈), 유근피(종창), 계분백(신부전) 약성 발견자. 『신약』 저자. 신약협회 회장 역임.

1909년 함경남도 홍원군에서 태어나 소년 시절에 죽염 제조법을 발명, 병자들을 구료하고, 일본 청소년의 횡포를 징치하고 만주로 피신, 독립운동에 종사. 일본 경찰을 피해 묘향산 설령암 등에서 은신하며 한의학을 연구. 해방 후 공산치하를 거부하고 홍원의 가족을 이끌고 월남, 계룡산에서 기거. 육이오사변을 예견, 부산으로 사전에 피신, 한의원을 경영. 전후 지리산에 은거, 함양에 정거하다.

1960년대에 서울에서 성혜한의원을 운영하며 한방암치료제 오핵단을 실험, 제조. 위암약으로 죽염을 제조, 보급. 1971년부터 《대한화보》에 죽염과 한방암의학에 대해 연재. 1974년 함양에 재 귀향, 『우주와 신약』 초고를 집필, 1980년 간행. 1986년에 한글판 『신약』 간행 후 크게 유행하여 민속신약연구회 및 신약협회를 조직, 종신회장에 추대. 추종자들이 죽염을 산업화하여 시판. 대중을 상대하여 무수한 공개 강연과 함양 우거에서 다년간 심혈을 기울여 수많은 환자들에게 처방하였고 1992년 향년 84세로 별세하다. 사후 『신약본초』 및 『신의원초』등이 정리, 간행되다.

　1986년 이후 민간요법, 전통식품, 한방의학에서 유행하는 식품, 의약 등의 대다수가 인산 김일훈의 저서 『신약』에서 기인할 만큼 현대의 학술과 산업 발전에 크게 공헌하였다.

죽염발명가 인산 선생

　죽염발명가 인산 김일훈 선생은 언양군의 후손으로 함남 홍원에서 태어나 7세에 무지개를 보고 의약의 원리를 깨닫고 20대에 만주 등지를 다니며 독립군으로 활약, 해방 전에 묘향산에 은거하며 의학을 깊이 탐구하고 해방 후 동서의학의 종합병원, 종합대학 설립을 시도하였으나 좌절, 이기붕의 집권 협조 청탁을 피해 1957년에 함양군 휴천면 살구쟁이 죽염골에 은거, 80평생을 가난과 고난을 겪으며 무보수로 민중들의 병고를 치료하고, 인류 병마를 퇴치할 구세이념을 담은 인산의학을 정립하고 1992년에 서거, 동의보감의 허준, 사상의학의 동무 이제마와 함께 한의학의 성인으로 추앙받고 있다. 1920년대에 죽염을 발명하여 전국에 널리 퍼지게 하였고 성인의 마음으로 특허를 배제하고 직접 개발한 오핵단, 죽염, 사리장, 난반, 옻닭, 유황오리, 다슬기, 유근피, 부엇, 빝미늘, 호두기류, 홍화씨, 쑥뜸법, 솔잎법 등 자신이 개발한 각종 용법을 만친하에 공개하여 전 국민이 이용케 하고 1980년 『우주와 신약』에 이어

1986년 『신약』 출간 후 전국에 토종 식품 산업이 흥기하게 하였다. 1986년 『신약』 애호가에 의해 신약협회가 창립된 후 현재 선생의 대를 이어 삼남 김윤숭이 사단법인 인산학연구원을 설립하여 선생의 의학 철학을 연구, 보급하고, 삼남 자부 최은아가 인산한의원, 인산한방암센터, 인산죽염촌(주)를 설립하여 선생의 인산의학, 인산한방암의학, 인산발명식품을 보급하고 있다.

죽염의 원리

죽염은 인산 선생의 발명품으로 지리산 남해안 일대의 푸른 왕대나무통(木)에 간수를 뺀 서해안 천일염(水)을 다져 넣고 지리산 깊은 산속 거름기 없는 황토(土)로 입구를 막고 쇠가마(金)에 넣은 뒤 소나무 장작불(火)로 여덟 번을 제련한 다음 아홉 번째는 송진을 사용하여 고열로 용융시켜 완성합니다. 죽염은 금목수화토 오론과 구전금단九轉金丹론을 응용하여 인산 선생이 정립한 죽염의 오행합성 원리와 9회 고열처리 원칙에 의해 완성된 죽염이 정품 죽염입니다. 바다의 소금이 고열의 불을 만나 인간에 유익한 신물질로 태어나니 정품 죽염을 일명 바다의 금단―해금단이라고도 합니다.

죽염에 대하여

인산 김일훈 선생이 일제 시대에 고통받는 한민족의

아픔을 덜어 주기 위하여 발명하여 널리 보급시킨 이후 1986년 『신약神藥』 책에 써서 만천하에 공개한 뒤 모든 죽염업자들이 『신약』 책을 근거로 죽염을 제조 판매하게 되어 세상에 유행한 것입니다. 죽염은 소금의 효능을 한 차원 승화시켜 가치를 극대화시킨 것입니다. 세계적으로 자랑할 수 있는 죽염은 건강 증진에 많은 도움을 주어 근래에 한민족에게 유용하게 사용되고 있습니다. 인산 선생 아들이 1986년 죽염 산업을 일으킨 뒤로 우후죽순처럼 생겨난 모방 제조업자들이 민간요법이니 전통비법이니 거짓말로 유래를 설명하는 것은 다 날조한 황설로 발명자의 공로를 가로챈 부도덕 상혼의 극치일 뿐입니다. 『동의보감』이니 『본초강목』이니 두루뭉실 인용하고 당사자는 꿈에도 모를 진표율사니 고려 시대 고승이니 스님들의 비전이니 무형문화재니 심지어는 단군의 개발 운운하는데 그것은 속임수에 불과한 것으로, 죽염 관계 모든 책에서 무단으로 표절하는 죽염의 바이블 『신약』, 죽염에 관해 원리와 제조법 효능을 서술한 문헌은 인산 김일훈 선생의 저서 『신약』이 유일합니다. 이제는 판촉을 위해 거짓말하지 말고 진실을 말해야 합니다. 모든 업자들의 광고 효과로 전국에 죽염이라는 신물질이 널리 알려지게 되었지만 거짓 유래설로 발명자인 선생의 이름은 안타깝게도 아는 이가 많지 않습니다. 그러나 발명자의 이름은 묻혀졌다 하더라도, 죽염이 근래에 유행된 뒤 뛰어난 피부, 위장, 혈압, 당뇨 등의 질병 치유 효과로 인해 국민의 애용을 받고 있고 최근 국내외의 많은 학자들의 연구와 임상실험 등에 의해서도 그 새로운 효능이 속속 발견되고 있습니다.

죽염의 진실

이제는 진실을 말해야 한다.

인산 선생 아들이 죽염의 발명가 인산 선생을 내세우자 다른 업자들이 판촉을 위해 승려를 내세워 승가의 비전이라 하다가 그 승려가 떨어져나가 독자적으로 사업하자 결국에는 당사자는 꿈에도 모를 고려 시대 고승이니 신라 진표율사니 하는 날조된 개발자설을 광고에 써서 소비자를 기만하고 현혹시키고 발명자의 공로를 엄폐하고 저작자의 저작권을 침해하였다.

이왕 내친김에 단군의 개발품이라고 하는 표절 책도 나왔다. 그리하여 5천년의 유구한 역사를 자랑하게 되었다. 도대체 단군 시대에 죽염을 제조했다는 기록이 어디 있는가? 그 흔한 위조된 역사서의 기록조차 없다. 소비자는 진실을 알 권리가 있고 세계는 진실이 통해야 살맛나는 세상이 될 것이다. 남의 공로나 가로채는 짓이 판친다면 어찌 진실이 장려될 수 있겠는가? 최소한 개발자에게 경의는 표하지 못하더라도 진실까지 엄폐해선 안된다. 인산 선생의 저서 『우주와 신약』(1980) 이전에는 어떤 책도 죽염 제조법을 서술한 것이 없다. 1990년 이후 출간된 모든 문헌에서 죽염에 관해 서술한 것은 다 인산 선생 저서 『우주와 신약』(1980)과 『신약』(1986)을 표절하거나 변조한 것에 불과하다. 죽염은 인산 선생의 발명품이요, 인산 선생이 죽염의 발명가이다. 이것이 진실이다.

※다음과 같이 세상은 거짓말이 난무하고 표절이 판치고 사기극이 횡행하는데 불초의 힘은 아직 미약하여 그것을 바로잡지 못하고 있는데 차차 바로잡을 의무와 힘을 길러 나갈 것이다.
※엉뚱한 사람이 죽염제조장竹鹽製造匠으로 거짓 지정 받았다.
※인산 선생의 발명품인 죽염을 진표율사로부터 시작되었다고 거짓 광고하고 있다.
※아득한 옛날 단군 시대부터 선가仙家에서 비전된 것이라고 거짓 서술하고 있다.

한국고유전통정형시시조국시화운동

취지문

세계 각국에는 그 나라의 고유한 전통 정형시가 존재하여 국민의 사랑을 받고 있다. 중국의 한시나 일본의 배구(하이쿠) 등이 그것으로 지금도 국민들이 일상 생활화하여 낭송회나 우수작품 공모회를 열고 있다.

한국도 시조가 고유한 전통 정형시로 사랑받고 있으나 국민 차원의 대규모화는 아니다. 2010년 1월호 한국문인협회 회원 명단을 보니 시인 5,111명, 시조시인 730명, 소설가 760명, 수필가 2625명, 아동문학가 879명으로 수적 열세에 있다. 수적 열세가 질적 열세를 반영하는 것은 아니지만 시조가 겨레시, 민족시, 국민시로 불리우는 위상에는 턱없이 부족한 현상이다.

한국문학이 한국만의 독특성과 우수성을 선양하기 위하여 시조를 대표로 내세워 세계화를 추진할 것을 제안하며 그 선결과제로 시조의 나라 시 제정, 국시화운동을 제창한다. 시조가 국시가 되었다고 다른 분야가 영향받는 것은 없을 것이다.

국법으로 태극기가 국기가 되고 무궁화가 국화가 되고 애국가가 국가가 되었다고 다른 깃발이나 꽃이나 노래가 사랑받지 않는 것과 같다고 하겠다. 국책으로 시조 보급운동을 강화하여 학생 시절부터 시조 짓기를 생활화하여 자연스럽게 전국민을 시조 동호인으로 존재하게 하자는 것이다.

　문학성 높은 작품은 시조시인이 짓고 국민은 일용성 강한 시조를 지어 생활화하는 동호인으로 존재하게 하여 시조가 국시로 국민의 사랑을 받아 국민 속에 살아 있는 문학으로 존재하게 하자는 것이다.

　시조는 초장 3-4, 3-4, 중장 3-4, 3-4, 종장 3-5-4-3의 형식으로 종장 제1구의 3자를 제외하고는 글자의 가감은 허용하는 방식을 유지하는 것이 국민 생활화에 유리할 것이다. 이를 실천하기 위하여 다음과 같이 결의한다.

　첫째, 국법으로 시조를 국시로 제정한다.
　둘째, 대통령부터 일반 사회까지 각종 식사나 서적의 권두사에 시조로 말문을 열거나 닫아 시조의 생활화를 실천한다.
　셋째, 유치원부터 평생교육원까지 시조 짓기를 교육하고 장려한다.
　넷째, 전국에 시조시인의 기념사업을 지원하고 시조시비를 많이 건립하고 시조시 액자나 책자를 많이 제작하여 보급한다.
　다섯째, 우수한 시조를 각 국어로 번역하여 세계화한다.
　여섯째, 한시나 외국시의 시조역화를 권장한다.
　일곱째, 집집이 시조시인을 배출하고 사람마다 시조 동호인이 될 때까지 이 운동을 지속한다.

2010년 1월 1일

한국고유전통정형시시조국시화운동위원 김윤숭 고함

지리산문학관 개관기념
지리산 유람록 학술대회

  지리산문학관은 지리산권 11개 시군의 문학 자료와 한시문학 자료를 수집, 보존, 정리, 연구, 홍보하여 지리산문학의 발전을 도모하고 문학사랑방 역할로 지리산 문학인의 교류와 상호 절차탁마에 이바지하여 궁극적으로 한국문학의 진흥에 공헌하고자 사단법인 인산학연구원이 부설 기관으로 2009년 9월 설립하였습니다. 형식 배제, 실익 추구 정신에 의해 개관식을 따로 하지 않았으나 세간의 오해가 있어 널리 알리는 일도 필요하기에 경상대학교 남명학연구소와 공동으로 지리산문학의 원류인 지리산 유람록 연구, 개관기념 학술대회를 개최합니다. 많이 왕림하시어 뜻 깊은 자리가 되도록 해주시면 감사하겠습니다. 지리산문학관은 인산&죽염문학상을 공모하여 지리산문학인상과 함께 시상하고 지리산문학 작품의 산실 반년간 문예지 《지리산문학인》도 발행할 계획입니다. 많은 성원과 지지를 앙망합니다.

2010년 1월
지리산문학관 관장 김윤숭 배상

지리산문학관·경상대학교 남명학연구소 공동학술대회

1. 학술대회 개요
- 일 시 2010년 3월 12일(금) 14:00~18:00

- 장　소　함양군청 대회의실
- 규　모　지역 규모 학술대회(4인)
- 대주제

  지리산문학관 개관기념 지리산 유람록 학술대회
- 주제 및 발표자

  ① 함양 유현들의 지리산 유람록에 나타난 정신세계: 최석기 교수(경상대, 한문학과)

  ② 점필재 김종직의 지리산 유람록: 이성혜 교수(부산대)

  ③ 탁영 김일손의 지리산 유람록: 강정화 교수(경상대)

  ④ 감수재 박여량의 지리산 유람록: 전병철 교수(경상대)
- 발표 및 지리산 기행문학에 관한 총평

  강동욱 교수(진주교대, 경남일보)

2. 역할 분담

① 지리산문학관
- 학술대회 경비 지원(발표비, 초청장 제작 및 발송)
- 학술대회 장소 선정 및 홍보
- 학술대회 진행(개회식, 진행 사회, 폐회식)

② 경상대학교 남명학연구소
- 학술대회 발표자 및 주제 선정
- 학술대회 발표문 수합 및 편집
- 학술대회 발표 자료집 인쇄 제작

3. 청중 제공

김윤숭 관장 개관기념 한시집 『지리산문학관·33』, 시조집 『인정음』, 인산죽염치약 및 저녁 식사

인¹정⁽ⁿ⁾음⁽⁾

발행 | 2009년 12월 31일
지은이 | 김윤숭
펴낸이 | 김명덕
펴낸곳 | 한강출판사
홈페이지 | www.mhspace.co.kr
등록 | 1988년 1월 15일(제8-39호)
주소 | 서울시 종로구 인사동 131번지 파고다빌딩 408호
전화 735-4257, 734-4283 팩스 739-4285

값 8,000원

ISBN 978-89-5794-154-6 04810
　　　978-89-88440-00-1 (세트)

※저자와의 협약에 의해 인지는 생략합니다.
※잘못된 책은 바꾸어 드립니다.